PRIÈRES

AU TOMBEAU DES BOURBONS,

MOISSONNÉS PAR LA RÉVOLUTION,

SUIVIES

DES TESTAMENTS DU ROI ET DE LA REINE ; D'UNE PRIÈRE COM-
POSÉE, AU TEMPLE, PAR MADAME ÉLISABETH ; DE NOTES
HISTORIQUES SUR LES DESTINÉES DES DÉPUTÉS ET OFFICIERS
MUNICIPAUX SIGNATAIRES ; DE L'URNE DES STUARTS ET DES
BOURBONS, ET DE L'ANALYSE DE MES MALHEURS DEPUIS 27 ANS :

OUVRAGE APPROUVÉ PAR LE SOUVERAIN PONTIFE PIE VII, ET PAR LES
PRÉLATS DE L'ÉGLISE DE FRANCE.

PAR L.-A. PITOU.

A PARIS,

Chez L.-A. PITOU, Libraire de S. A. R. MADAME LA
DUCHESSE D'ORLÉANS, rue de Lully, N°. 1, près la
Bibliothèque du Roy.

M. DCCC. XVIII.

On trouvera les ouvrages, désignés ici, aux sacristies des paroisses de Paris, et chez les personnes employées aux églises. On est prié d'affranchir les lettres et les demandes.

Le prix du Formulaire des Prières est de 50 centimes ou 10 sous.

L'Urne des Stuarts et des Bourbons, et Analyse de mes Malheurs ; 9 fr., 11 fr. par la poste.

Tablettes historiques ; 4 fr. et 5 fr.

Abrégé de la Fable ; 1 fr. 30 c.

Explication de la religion ; 2 fr. 50 c., 3 fr.

Voyage à Cayenne ou Martyrologe français ; 7 f. 50 c., 10 fr.

PRIÈRES

Au tombeau de LL. MM. Louis XVI, Louis XVII, Marie-Antoinette et des Princes et Princesses de la Maison de Bourbon, frappés par la révolution, depuis 1789 jusqu'a 1804; suivies de l'urne des Stuarts et des Bourbons, et de l'analyse de mes malheurs (*), etc., etc., ouvrage apprrouvé par le Souverain Pontife Pie VII, et par les Prélats de l'Église de France.

Chaque famille de nos Rois et de nos Princes a son rang de sépulture : j'ai suivi cet ordre dans ce formulaire de prières. Chaque Sommaire historique commence par le jour du décès. De 1789 à 1804, huit victimes, Roi, Reine, Princes et Princesses de la maison de Bourbon, ont péri ou par la faulx de la révolution , ou par les commotions qu'elles en ont ressenties : voici l'ordre de leur décès , en suivant le calendrier.

21 Janvier 1793, *Louis XVI ;*
4 Mars 1793 , *le duc de Penthièvre ;*
21 Mars 1804, *le duc d'Enghyen ;*
10 Mai 1794, *Madame Elysabeth ;*
4 Juin 1789, *le premier Dauphin ;*
8 Juin 1795, *Louis XVII ;*
3 Septembre 1792 , *Madame la Princesse Lamballe ;*
16 Octobre 1793, *La Reine Marie-Antoinette.*

* 2 vol. in-8°. Prix : 9 fr., pris à Paris, et 11 fr. par la poste.

21 *Janvier* 1793, 10 *heures* 20 *minutes du matin.*— Louis XVI, né le 23 août 1754, DUC DE BERRY; DAUPHIN en 1760 après la mort de son frère le duc de Bourgogne; petit-fils de Louis XV; monté sur le trône en 1774 à vingt ans; condamné à mort par la Convention dite nationale, et exécuté sur la place Louis XV, dite alors de la *Révolution*, le 21 janvier 1793, à l'âge de trente-neuf ans.

PRIÉRE.

DIEU juste et miséricordieux, pour nous punir de notre rebellion, et nous livrer à l'aveuglement et à l'anarchie, vous permîtes que votre serviteur Louis XVI, de glorieuse mémoire, fût abandonné à la furie et aux outrages des méchans; qu'il fût indignement traité et cruellement mis à mort par eux. Quoique nous ne puissions penser qu'avec horreur à une action aussi infâme; c'est pourtant avec une profonde reconnoissance que nous faisons aujourd'hui la commémoration de la patience, du courage et de la charité que votre serviteur, notre bon Roi Louis XVI, montra même à l'heure de la mort, en présence de ses plus cruels ennemis. Mon Dieu, quoique vous leur ayez permis de se mettre pour un temps en possession de son trône, et même d'abréger les jours de son épouse, de sa sœur et de son cher fils Louis XVII; Seigneur, c'étoit pour nous consoler que vous conservâtes la fille, les frères, les neveux et cousins de notre bon Roi: et celui à qui ce trône appartient de droit, l'ayant ramené deux fois d'exil par un effet miraculeux de votre providence, vous l'avez assis sur ce trône environné d'écueils, pour rétablir et consolider en

France, la paix et la religion , pour lesquelles faveurs insignes nous vous rendons grâces , par N. S. J. C. Ainsi-soit-il.

—

16 *Octobre* 1793 , *midi un quart.* — Marie-Antoinette-Joseph-Jeanne de Lorraine, née le 2 novembre 1755; Archiduchesse d'Autriche, Reine de France et de Navarre; mariée le 16 mai 1770 à Louis XVI; exécutée à trente-huit ans sur la place Louis XV , aux pieds de la statue de la *liberté* et de *l'humanité*, par jugement du tribunal révolutionnaire de Paris, ordonné par la convention dite nationale; inhumée à côté du Roi Louis XVI dans un lit de chaux vive , au cimetière de la Madelaine situé à Paris rue d'Anjou faubourg saint-Honoré.

PRIÈRE.

Mon Dieu! que vois-je dans ce cimetière de la rue d'Anjou ! On fait des fouilles aux pieds d'un saule renversé !... De ce lit de chaux vive, s'élèvent des ossemens calcinés !... Une jeune princesse, la fille de Marie—Antoinette, fond en larmes, et s'élance vers ce lieu funèbre !... Mon Dieu ! voilà donc les restes de cette héroïne que des flatteurs encensaient pour l'aveugler en l'enivrant des vanités du monde !... voilà les restes de cette femme forte et prévoyante , que les méchans couvrirent d'opprobres parce qu'elle devina leurs perfidies , qu'elle pénétra leurs projets ! .... parce qu'elle eut la prudence et la force de

Débora pour renverser les ennemis d'Israël, ils l'ont assassinée !.... *Ils ont tenu contre elle des discours pleins de haine et de mensonge. Ses plus familiers amis, ceux en qui elle avait confiance, ceux qui mangeaient son pain, lui ont dressé des embûches; ils ont tenu conseil, et se sont dits entre eux : Sa grandeur nous confond, perdons la, elle n'a personne pour la délivrer; et ils ont suscité contre elle de faux témoins qui l'ont accusée de choses dont elle ne savait rien.*

Mon Dieu ! nous vous adressons la prière que vous fit cette illustre victime, en allant à la mort : — « Seigneur,
» faites triompher votre cause, relevez l'autel et le trône,
» protégez la France, sauvez mes enfans et ma sœur
» Elisabeth, éclairez mes ennemis, enchaînez la langue
» du calomniateur, et décillez ses yeux avant de l'appeler
» à votre redoutable tribunal.

» Mon Dieu ! donnez à la France un Roi selon votre
» cœur, donnez-lui, mon Dieu, un père pour les Fran-
» çais soumis, et un maître sévère et juste qui fasse res-
» pecter son nom et son empire au-dehors, et surtout
» au-dedans, aux ennemis de toute loi et de toute société.
» Ainsi-soit-il ».

———

4 *Juin* 1789. — Louis-Stanislas-Xavier-François, premier DAUPHIN de France, né à Versailles le 22 octobre 1781, mort à 7 ans au château de Meudon le 4 juin 1789, dans les premiers jours de la révolution.

PRIÈRE.

Mon Dieu ! vous moissonnâtes cet enfant royal au commencement de notre révolution, et vous vîtes ses parens forcés d'étouffer leurs sanglots, pour s'occuper de faire tête à l'orage. Oui, nous eûmes un cœur d'airain pour cette famille qui nous combla de bienfaits ; depuis vingt-sept ans nous en portons la peine. Nous avons vu périr nos enfans et nos pères, sans avoir droit de donner, en public, un libre cours à notre douleur : ô mon Dieu, amollissez nos cœurs, Père des miséricordes, rendez-nous bons, justes et sensibles, et fermez le goufre de nos malheurs avec la pierre du tombeau du fils aîné de Louis XVI qui mourut quand ils commençaient !.... Ainsi-soit-il.

8 *Juin* 1795.— Louis-Charles, Duc de Norman-
die, dernier Dauphin de France, second fils de
Louis XVI et de la Reine marie - Antoinette.
Louis XVII, né à Versailles le 27 mars 1785 ;
moissonné à l'âge de dix ans et deux mois par
les révolutionnaires, dans la prison du Temple
à Paris, le 8 juin 1795.

PRIÈRE.

QUE leur avait fait cette innocente victime pour la tor-turer, la tenir dans les fers pendant trente-quatre mois, et lui faire boire à longs traits, au milieu des supplices d'une agonie homicide, une mort mille fois répétée ! Mon Dieu ! inspirez leur aujourd'hui un repentir aussi efficace, que leur insensibilité fut terrible.

Hélas ! Seigneur, c'est au souvenir des maux de l'infor-tuné Louis XVII que le désespoir doit fuir loin de nous. Quand il vous plaira, mon Dieu, de nous châtier ou de nous éprouver par des revers inattendus, nous nous rap-pellerons le cachot où ce prince expia si long-temps l'honorable malheur d'avoir dû le jour, dans ces temps de crime, au vertueux Louis XVI.

Quand l'ambition, l'orgueil, ou le mécontentement de notre fortune nous feront porter un œil d'envie sur le trône, ou à la prospérité de nos voisins, mon Dieu, tournez nos regards et nos pensées vers la sœur de l'infortuné Louis-Charles.

Ce modèle de patience, d'héroïsme et de bravoure, digne fille d'une illustre mère, a vu, pour elle, les roses et les lys changés en cyprès... Et qui sait, mon Dieu, si le toit de la cabane du pauvre ne fait pas aussi sincèrement l'objet de ses vœux, que l'éclat de son rang excite notre envie ?

Mon Dieu, que cette famille de nos Rois, essentiellement bonne, nous prêche éloquemment, sur le trône, la patience et la médiocrité ! Faites, Seigneur, que nous imitions ce modèle d'épreuve que votre Providence a rendu à nos vœux. Ainsi-soit-il.

———

10 *Mai* 1794, *trois heures après midi.* — MARIE-HÉLÈNE, MADAME ELYSABETH, Sœur du Roi Louis XVI, née à Versailles le 23 mai 1764; condamnée et mise à mort par le tribunal révolutionnaire de Paris, sur la place Louis XV, et enterrée dans le cimetière de Mousseaux, avec les régicides et les membres de la Commune de Paris et du 10 août, condamnés à mort le 9 thermidor (27 juillet 1794).

PRIÈRE.

Mon Dieu, ces vastes caves comblées de morts, ces monceaux d'ossemens, ce lugubre silence du cimetière de Mousseaux, me font tressaillir d'espérance et d'effroi... Ces restes inanimés et confondus, que je vis naguère s'agiter pour une opinion, juger leurs ennemis, les envoyer ici, y furent apportés eux-mêmes.... Ici, mon Dieu, la victime est confondue avec son juge et son bourreau.

La vertueuse Elisabeth, sœur de Louis XVI, fut déposée ici.... *Pour les péchés du peuple et pour les iniquités des législateurs, ils ont répandu le sang du juste au milieu de Jérusalem.* Si je frémis en songeant aux malheureux qui prononcèrent sa mort, et qui partagent sa sépulture, ô mon Dieu ! ô mon Juge ! les restes d'Elisabeth raniment mon espérance.

La gloire du méchant et le tourment du juste ont passé comme un songe ; ils ne sont plus rien à nos yeux.

Seigneur, faites miséricorde à tous ; mais accordez-nous la sérénité, la paix, la conscience, la bonté de la sœur de Louis XVI. Sur cette tombe, ô mon Dieu ! nous apprenons à espérer en vous, à vous aimer, à envisager la mort comme le passage à l'éternité et à la récompense.... Ainsi-soit-il.

—

21 *Mars* 1804, *une heure du matin.* —ANTOINE-HENRI DE BOURBON-CONDÉ, DUC D'ENGHYEN, né à Chantilly le 2 août 1772; fusillé à l'âge de trente-deux ans, dans les fossés du château de Vincennes près de Paris, par une commission militaire, présidée par Hulin et commandée par Buonaparte.

PRIÉRE.

MON Dieu, nous gémissions, depuis onze ans, des effets du régicide du 21 janvier ; un homme extraordinaire, que nous regardions comme le réparateur de nos désastres, immola *Louis-Antoine-Henri de Bourbon-Condé*, pour s'asseoir sur le trône de Louis XVI. Au même instant, mon Dieu, votre main grave et exécute sur cette tombe cette sentence terrible. — *Du calme vous appelez l'orage, et de l'orage vous faites naître la gloire et la sérénité.*

Tous les fléaux nous accablent à-la-fois, l'homme qui nous gouverne, nous opprime : cet instrument de votre colère, aveuglé par le sang de celui qu'il immola à son ambition, après avoir embrâsé l'Europe, tombe sous son propre poids, nous entraîne dans sa chute ; votre main nous retient au bord du précipice ; vous nous rendez notre religion et nos souverains légitimes.

Mon Dieu, en vous remerciant de tant de bienfaits, sur la tombe de Louis-Antoine-Henri de Bourbon-Condé, nous implorons votre miséricorde pour cette victime expiatoire dont la mort a détourné, sur son juge, les effets de votre justice qui pesaient sur la France depuis la révolution de 1789 et du 21 janvier....

—

4 *Mars* 1793. — Louis-Marie-Joseph de Bourbon, Duc de Penthièvre, né le 23 novembre 1725 ; mort à Anet à l'âge de soixante-huit ans, des chagrins que lui causèrent les journées de septembre 1792, et du 21 janvier 1793.

PRIÈRE.

Seigneur, vous nous offrez dans Louis-Marie-Joseph de Bourbon-Penthièvre l'image de vos serviteurs Job et Tobie. L'un vit périr son fils, fut abandonné de ses amis ; en butte à tous les malheurs, il vous resta fidèle malgré la

puissance de l'esprit de ténèbres : Tobie perdit la vue,
tomba dans l'indigence et imita votre premier serviteur.
Bientôt vous les récompensâtes en Dieu pour l'exemple
de votre peuple attaché à la terre ; mais Louis - Marie-
Bourbon-Penthièvre, bienfaisant par habitude, par devoir,
par goût, modèle de toutes les vertus, exemple de la
cour, voit son nom éteint par la mort prématurée de son
fils unique, ne peut embrasser sa fille et ses petits-enfans,
sans frémir, apprend la fin tragique de sa belle-fille et
survit à la catastrophe du 21 janvier.... et le 4 mars 1793,
dit en fermant les yeux : — « Mon Dieu ! que la terre fut
» pour moi un pénible exil ! je ne l'ai point abrégé, cet
» exil ; mais je soupire après l'instant de ma délivrance, je
» soupire après vous, mon Dieu, je vous demande ins-
» tamment la récompense de mes malheurs ; cette récom-
» pense est en vous, cette récompense est vous, et je me
» sens renaître en cessant d'exister.... »

---

3 *Septembre* 1792. — Marie-Louise de Savoie
Carignan, Princesse de Lamballe, née à
Turin le 8 septembre 1749, veuve du Duc
de Bourbon-Penthièvre, fils unique, assassinée à Paris, dans la prison de la Force, à
l'âge de quarante-trois ans.

PRIÉRE.

Mon Dieu, faites paix et miséricorde à cette victime
dont les bourreaux honoraient les vertus, même après
l'avoir mise en pièces. Que le sacrifice de sa vie, qu'elle
fit à notre Reine Marie-Antoinette, soit profitable à son
salut.

Que le souvenir de ces scènes d'horreur épouvante et convertisse les méchans! Effaçons par nos larmes les taches de sang de ces journées désastreuses. Ainsi-soit-il.

———

Depuis la mort de la Reine, madame Elisabeth et Madame Royale, dans une ignorance absolue de tout ce qui se passait au-dehors, vivaient de leurs souvenirs et de leurs craintes, de leur espérance en Dieu et de leur entière soumission aux ordres du Ciel. Ce furent la résignation même et un avis secret de Dieu qui dictèrent à madame Elisabeth la belle prière suivante, qu'elle composa dans sa prison du Temple, et qu'elle récitait avec une nouvelle ferveur, le 9 mai 1794, lorsqu'on vint la chercher pour l'envoyer à la mort le lendemain.

Prière composée au Temple par Madame Elisabeth.

« Que m'arrivera-t-il aujourd'hui! O mon Dieu! je n'en sais rien ; tout ce que sais, c'est qu'il ne m'arrivera rien que vous n'ayez prévu, réglé et ordonné de toute éternité : cela me suffit. J'adore vos desseins éternels et impénétrables : je m'y soumets de tout mon cœur, pour l'amour de vous. Je veux tout, j'accepte tout, je vous fais sacrifice de tout, et j'unis ce sacrifice à celui de mon divin Sauveur. Je vous demande en son nom et par ses mérites infinis, la patience dans mes peines, et la parfaite soumission qui vous est due pour tout ce que vous voulez ou permettez ».

———

Notes historiques sur le testament du Roi et de la Reine, et sur les destinées des députés et officiers municipaux, signataires du testament de Louis XVI et de la Reine.

Cette apostille du testament du Roi, *paraphé et vu*, etc. , est écrite transversalement sur la marge de la première page de l'original.

———

Beaudrais , déporté aux îles Sechelles par Buonaparte , est mort dans son exil.

Colombeau, secrétaire de la commune, est mort de misère à Paris.

Duroure (Louis-Henry-Scipion-Grimoard) , reçu président du conseil municipal , issu d'une famille noble , ardent révolutionnaire, l'un des rédacteurs du journal des Hommes libres, a dissipé une immense fortune; a été mis par Buonaparte sur une liste de déportations; s'est sauvé et végétait en 1816 à Paris dans la plus grande misère.

L.-J. Mercier, officier municipal , menuisier, s'enfonça sous l'échafaud , le 21 janvier , pour recevoir le sang de Louis XVI, et fut guillotiné le 10 thermidor an 2 (1794), avec Roberspierre.

J.-P. Bernard, prêtre , natif de Chalade , âgé de trente-cinq ans, municipal qui accompagna Louis XVI , le 21 janvier, est mort comme Mercier.

Jacques Roux, vicaire de Saint-Nicolas-des-Champs de Paris, officier municipal, membre de la commune du 2 septembre 1792, s'est suicidé à Bicêtre. Voyez la fin tragique de cet homme, dans l'Urne des Stuarts et des Bourbons , page 188 et suivantes.

Gobeau ou Gombeau , municipal , à qui le Roi remit son

testament, le 21 janvier, Roux ayant refusé de le prendre, guillotiné avec Roberspierre, le 10 thermidor.

SANTERRE, brasseur dans le faubourg Saint-Antoine, coopéra puissamment au 20 juin, au 10 août, au 2 sepsembre et au 21 janvier; il reçut de l'argent de toutes mains, fut incarcéré par ses partisans, acheta l'enclos du Temple et mourut détesté de ses anciens satellites, insupportable aux siens et à lui-même.

CHARLES Ier, roi d'Angleterre avait eu le même sort, sous le commandement du colonel Pride, brasseur comme Santerre, et qui a fini de même.

On lit sur les registres de la commune de 1793 : L'EX-ROI DE FRANCE EST MORT DANS L'IMPÉNITENCE FINALE DE LA HAINE CONTRE LA LIBERTÉ, L'ÉGALITÉ, LA RÉPUBLIQUE UNE, INDIVISIBLE, IMPÉRISSABLE.

Notes sur le testament de la Reine.

L'original de cette pièce n'est pas signé de son auteur : la seule signature apposée d'abord, fut celle de Fouquier-Tainville, accusateur public, qui remit de suite cette pièce à Roberspierre. Après le 9 thermidor, la convention nomma une commission pour inventorier les papiers de Roberspierre. Ces membres étaient composés de LEGO, GUFFROI, MASSIEU et LAURENT LE COINTRE de Versailles.

———

J.-F.-Q. FOUQUIER, accusateur public, a été condamné à mort, par le tribunal révolutionnaire, le 17 floréal an 3, (7 mai 1795). Il avait quarante-huit ans.

A. LEGO, membre de la convention, vota la détention du Roi, et mourut tranquillement dans son lit.

GUFFROY Armand-Benoît-Joseph, avocat à Arras, vota la mort du Roi : il était l'ami et le conseil de Joseph Lebon, il se peint ainsi lui même :

(15)

« Abattons, imprimait-il, les nobles et les prêtres :
» tant pis pour les bons s'il y en a. Que la guillotine soit
» en permanence dans toute la république : la France a
» assez de cinq millions d'habitans ». Il fut déclaré inéli-
gible, revint à Paris en 1797, après le 18 fructidor, obtint
une place à la justice, et mourut en 1800, âgé de soixante
ans.

MASSIEU (J.-B.), député aux états généraux, curé de
Sergi, puis évêque constitutionnel de l'Oise, vota la
mort de Louis XVI, apostasia, proscrivit les prêtres et les
nobles avec frénésie, épousa la fille de Lecote, maire de
Givet. Cette fille, par sa conduite scandaleuse, fut le fléau
de Massieu, qui est mort de honte et de chagrin quelques
années avant le retour du Roi.

LAURENT LE COINTRE, riche marchand de toiles, de
Versailles. . . . , l'un des hommes le plus ambitieux de
réputation, a fait tout le mal possible au Roi et à la Reine
pour obtenir de la célébrité ; est mort fou et dans la misère, à Guigne, le 4 août 1805.

La seconde commission qui leva les scellés chez Roberspierre, était composée de Courtois ; il s'appropria la minute
du testament de la Reine. Courtois ayait gardé cette pièce
pour s'en faire un palladium, au retour des Bourbons, a
été forcé de la rendre en 1816. La police instruite à temps,
à prévenu le conventionnel qui n'a pas eu le mérite du
sacrifice. Courtois, plus avide de fortune que de révolution,
n'avait prononcé la mort du Roi que pour servir le parti
de Danton ; en 1815, il se prononça pour Buonaparte,
revenu de l'île d'Elbe, et fut exilé en 1816.

Urne des Stuarts et des Bourbons, et Analyse de mes Malheurs depuis vingt-six ans.

Cet ouvrage a été présenté à S. M. Louis XVIII, aux Souverains Alliés, au Souverain Pontife Pie VII, à la Famille royale, aux premières autorités de l'Eglise et de l'Etat.

S. M. Louis XVIII donne sa main à baiser à l'auteur(1), reconnaît ses services, et le gratifie d'une autre marque spéciale de sa bienveillance.

S. M. Frédéric Guillaume III, roi de Prusse, l'honore d'une médaille d'or de la Fidélité, et d'une lettre dans laquelle elle lui dit que *ses malheurs ont associé son nom à celui d'illustres proscrits; qu'il doit ces malheurs à l'attachement qu'il a voué* à ses Souverains *légitimes, dont il célèbre le retour.* Sa Majesté l'a remercié de lui avoir adressé son *Urne des Stuarts et des Bourbons, avec l'analyse de ses malheurs, son*

---

(1) *Extrait de la Quotidienne, du Moniteur, du Journal des Débats,* 1er. *Octobre* 1815.

Monsieur Pitou, auteur du *Voyage à Cayenne,* de l'*Urne des Stuarts et des Bourbons,* suivi de l'*Analyse de ses Malheurs,* 2 vol. in-8°., proscrit dix-huit fois pour la cause des Bourbons, condamné deux fois à mort, exilé à la rentrée de Buonaparte pour s'être enrôlé dans la légion de Monsieur Comte d'Artois, a eu l'honneur, le 29 septembre, d'assister au déjeûner du Roi dans le salon Bleu, de présenter à Sa Majesté son *Urne des Stuarts et des Bourbons,* etc. L'auteur et l'ouvrage ayant été recommandés au Roi par Monsieur le Duc de Duras, M. Pitou a été *admis à baiser la main de Sa Majesté.*

Voyage à Cayenne, et son *Almanach-Tablettes des grands événemens* de la révolution ; *il lui remet ci-joint*, ajoute-t-elle, *un témoignage de son estime.*

Mgr. *Cortois de Pressigny*, ancien évêque de Saint-Malo, pair de France, et aujourd'hui archevêque de Besançon, ambassadeur du roi à Rome, écrivit à M. Pitou, sous la date du 4 mars 1816 :

MONSIEUR,

J'ai reçu fort tard (les communications n'étant pas libres) votre ouvrage, l'*Urne des Stuarts et des Bourbons*, *que vous m'avez adressé, et qui est un témoignage de votre attachement aux vrais et bons principes, à la Religion, à la maison Royale.*

J'ai présenté moi-même à Sa Sainteté l'exemplaire que vous lui destiniez, elle l'a reçu avec bonté.

Le Saint Père me parle fréquemment de sa tendresse paternelle pour les Français qui sont demeurés fidèles et soumis ; c'est avec attendrissement qu'il m'en parle. Il invoque avec ferveur les bénédictions de Dieu sur eux. Vous avez part, Monsieur, à ces sentiments du père commun des fidèles, et je ne doute pas que vous ne continuiez à vous en rendre digne, etc.

« Il est flatteur pour vous, Monsieur, lui écrit Mgr. de Boulogne, évêque de Troyes, aujourd'hui archevêque de Vienne, de pouvoir *ainsi mettre au jour le Fond de votre Conscience* ; j'ai appris, par les papiers publics, l'accueil que S. M. a fait de votre ouvrage quand vous le *lui avez présenté*, en vous priant de croire à tout l'intérêt que je prends à son succès, etc. »

Mgr. de la Farre , premier aumônier de S. A. R. Monsieur , ancien évêque de Nancy , nommé archevêque de Sens , s'excuse ainsi du retard de sa réponse :

J'ai voulu, dit sa Grandeur, *me donner le temps de lire votre ouvrage. Je peux donc répondre aujourd'hui, et vous remercier. Vous avez dignement rempli la tâche que vous vous étiez imposée, et l'intérêt que cet écrit* (l'Urne des Stuarts et des Bourbons, et l'Analyse de vos Malheurs) *inspire , redouble par celui que mérite votre ancien, actif et éprouvé dévouement à la cause de l'Autel, du Roi et de la Monarchie.*

LL. AA. RR, et SS. madame la duchesse et Mgr. le duc d'Angoulême, et Mgr. le prince de Condé, ont honoré M. Pitou de témoignages également flatteurs. M. le chancelier lui a écrit , au nom de la Chambre des Pairs , qu'il plaçait l'ouvrage dans les archives du palais : enfin, les ministres de Sa Majesté l'ont honoré des effets de leur bienveillance , et il a réuni à l'unanimité les suffrages des publicistes des deux bords. On pourra s'en convaincre par les articles insérés dans l'ouvrage, dont voici l'analyse :

———

Urne des Stuarts et des Bourbons, ou le Fond de ma Conscience sur le 21 janvier, chez les deux Peuples ; suivi de l'analyse de mes malheurs et de mes persécutions, 2 vol. in-8°. Prix : 9 fr. pour Paris; 11 fr. par la poste. *A Paris, chez Louis-Ange Pitou, Libraire de*

S. A. R. Madame la Duchesse d'Orléans, rue de Lully, n°. 1, près la Bibliothèque du Roi.

Détails particuliers et inédits sur le 20 juin, le 10 août, le 2 septembre 1792. Le bien et le mal que l'auteur a reçus de Buonaparte, ce qu'il a fait pour et contre lui. Portrait de Buonaparte par un homme impartial, sur Bernadotte, Murat, la Pologne, la Russie, la Prusse et le congrès de Vienne. (Cet ouvrage, commencé lors de la translation des cendres de Louis XVI et de Marie-Antoinette, du cimetière de la Madeleine à Saint-Denis, fournit à l'auteur le sujet de la galerie des rois assassinés par les rois et par les peuples).

1°. Marie Stuart ; sa naissance, sa vie, ses fautes, ses malheurs, son emprisonnement, son procès, sa mort.... Portraits d'Elisabeth, de Marie Stuart et de Marie-Antoinette. Coup-d'œil historique sur Marie Stuart jusqu'à Charles Ier., son petit-fils ; caractère de ce prince, son procès, sa fin tragique. Parallèle de Charles Ier., roi d'Angleterre, avec Louis XVI, roi de France. Germes de la révolution, depuis François Ier., Marie Stuart, jusqu'à Louis XVI.

Vie de Louis XVI, sa conduite, ses malheurs, son arrestation, son jugement, sa mort. Massacre des prisons. Madame de Lamballe et Roberspierre.

Suite du 21 janvier. Mort de Lepelletier, Marat, Jacques Roux. La Convention se déchire. La famille de Louis XVI en butte à la proscription.

Vie de Marie Antoinette, depuis sa naissance jusqu'à sa mort.

Tableau des acteurs de la révolution, depuis 1755 jusqu'à 1793, au 17 octobre, année par année. Procès de la Reine, sa mort, son portrait.

Mort du duc d'Orléans.... Notice historique sur Madame Elisabeth. Nombre des victimes égorgées par le tribunal révolutionnaire de Paris, depuis le 10 août 1792, jusqu'au 9 thermidor, 27 juillet 1794....

Mort de Roberspierre et de ses complices. Notice sur l'infortuné Louis XVII; tortures qu'on lui fait subir pendant deux ans. S'il a été empoisonné, oui ou non ; du faux Louis XVII, détenu à Bicêtre en 1802. Buonaparte commence à paroître sur la scène au 13 vendémiaire, (5 et 6 octobre 1795). Paix de 1801. Guerre de 1803. Buonaparte propose à Louis XVIII le royaume d'Italie, pour qu'il lui cède celui de France. Refus de Louis XVIII ; lettre de ce prince à Buonaparte. Buonaparte, brûlé de la soif de régner, réunit séparément les Jacobins et les Royalistes, les menaces du Directoire et de Louis XVIII. Les deux partis consentent à le choisir pour maître. Les Jacobins lui demandent un gage; on délibère.... Buonaparte accorde le duc d'Enghien, pour avoir Moreau et Pichegru. Notice sur le duc d'Enghien. — Murat indique le duc d'Enghien comme une victime expiatoire. Moyens employés par Buonaparte pour faire venir le Pape à Paris ; paroles du Saint-Père, forcé de quitter Rome. Dieu aveugle Napoléon par la prospérité. Tableau succinct des événemens, depuis 1805 jusqu'à 1809. Le Pape emprisonné. Buonaparte divorcé, remarié. L'ombre du duc d'Enghien poursuivant Napoléon jusqu'en 1814.... Il abdique à Fontainebleau, et part pour l'Ile d'Elbe, en même-temps que Louis XVIII entre à Paris, le 3 mai 1814..... 21 janvier 1815 , translation des cendres de Louis XVI et de Marie-Antoinette, du cimetière de la Madeleine à Saint-Denis. Retour de Buonaparte, au 20 mars.... Défaite et fuite de Buonaparte.... Départ et retour de Louis XVIII.... Exil à l'Ile Sainte-Hélène.

Ouvrages du même auteur, écrits dans les mêmes principes.

Tablettes historiques, ou Almanach des grands événemens de la Révolution, 4 vol. in-18. Prix 4 fr., et 5 fr. par la poste.

Ce résumé est fait pour piquer la curiosité. M. Pitou a enrichi son recueil de traits de morale et de bienfaisance qui méritent d'être connus. Son tableau historique des événemens de notre révolution, quoique concis, contient des particularités frappantes. Cet ouvrage joint l'utile à l'agréable ; l'auteur mérite des encouragemens. (*Journal des Débats.*

———

Abrégé de la Fable, ou traduction de l'Appendix du père Jouvency; 2 vol. in-18, avec fig. Prix : 1 fr. 50 c. les deux volumes.

Cette traduction littérale de l'*Appendix* du père Jouvenci, intéresse les parens et les instituteurs. L'*Appendix* adopté par l'Université est entre les mains de tous les enfans qu'on met aux études.

Dumarsais n'avait point traduit les deux derniers chapitres de cet ouvrage, qui sont le but moral de l'auteur. Nous y avons suppléé, et la fin du texte latin est l'introduction de notre Abrégé.

———

Histoire du Jeu de cartes du grenadier Richard; Explication de la Religion, de l'Histoire, de la Fable, par le nombre de cinquante-

deux cartes ; Encyclopédie instructive et amusante ; par MM. Pitou et Hadin, 1 vol. in-12, avec fig. Prix : 2 fr. 50 c. et 3 fr. par la poste.

« Une infinité d'hommes ont cherché à émousser
» les épines de l'instruction par des lettres, par des
» jeux, par des cartes; mais ces cartes étaient déna-
» turées; ce n'étaient plus celles que les enfans voient
» tous les jours dans les mains de leurs parens et qui
» font leur amusement; elles n'en avaient que la forme.
» MM. Pitou et Hadin ont conservé les cartes telles
» qu'elles sont. Un *as* rappelle *un seul Dieu une seule
» personne en J. C.;* un *deux,* les *deux natures en J.C.;*
» *la nature divine et la nature humaine.* En mytho-
» logie un *as* rappelle *Saturne,* autrement appelé le
» Temps, avec une faulx; un *deux* rappelle *Castor et
» Pollux,* symbole de l'amitié et de la paix, etc. Les
» auteurs développent ensuite, dans des notes très-éten-
» dues, chaque objet dont ils ont fait l'application;
» *L'histoire du Jeu de cartes du grenadier Richard*
» est un livre utile, et j'oserai même dire nécessaire,
» non-seulement à l'enfance, mais à un âge plus avancé. »
(*Extrait du Journal des Débats.*)

———

Voyage à Cayenne et dans les Deux Amé-
riques, etc., ou Martyrologe français des Déportés. 2 vol. in-8°. avec fig. Prix : 7 fr. 50 c. et 10 fr. par la poste.

Le souverain Pontife Pie VII venoit d'arriver à Paris lorsque je publiai cet ouvrage en 1805; j'eus l'honneur d'en présenter le premier exemplaire à sa Sainteté, avec la lettre suivante :

« T. S. P., permettez à un déporté du 18 fructidor,
» compagnon de trois cent quatre-vingt-treize prêtres
» exilés à Caïenne, de mettre à vos pieds le tribut de ses
» veilles, de treize ans de malheurs, de dix-huit mois
» d'arrestation, etc.

» T. S. P., mon crime fut d'avoir toujours écrit et
» prêché en public pour le rétablissement de l'autel et du
» trône. Il n'y a pas un ami de la religion et de la monar-
» chie qui ne retrouve dans ce martyrologe français des
» vivans et des morts, un frère, un parent, un ami, s'il
» ne s'y retrouve pas lui-même.

» T. S. P., je devois ce tribut de reconnoissance au
» corps auguste du clergé qui a policé mon esprit et
» formé mon cœur; je ne me suis point borné à l'histoire
» de nos malheurs. L'ouvrage, divisé en cinq parties,
» contient,

» 1°. Notre voyage de Paris à Rochefort, un coup-
» d'œil sur la France, notre embarquement, nos soirées sur
» mer, de grandes et sublimes questions sur les sujets im-
» portans traités par des hommes du premier mérite, notre
» arrivée à Caïenne, la description du pays, notre exis-
» tence, nos privations, la peinture des déserts de Kona-
» nama et de Synnamary, la liste alphabétique des dé-
» portés, un abrégé de la vie et de la mort de chacun
» d'eux, des notions sur Collot-d'Herbois et Billaud de
» Varennes, exilés avec nous;

» 2°. Le dépouillement de différens manuscrits des
» Jésuites et des Missionnaires du pays, mon voyage
» dans les immenses forêts de la Guyane, jusque chez les
» mengeurs d'hommes;

» 3°. Mon retour à mes frais par les Etats-Unis, ma

» rencontre sur mer avec les déportés du 3 nivose, al-
» lant en exil pendant que nous en revenions (les dépor-
» tateurs et les déportés en présence....) ; ma nouvelle in-
» carcération en revenant en France, mes malheurs, mon
» existence jusqu'à ce jour, je peux m'écrier avec le pro-
» phête roy : *Castigans castigavit me Dominus, et*
» *morti non tradidit me.* »

En lisant ce paragraphe, le Saint-Père descendait l'es-
calier du pavillon de Flore aux Tuileries, au milieu d'une
foule immense à qui il donnait sa bénédiction. *Vous avez
bien souffert, Monsieur*, me dit sa Sainteté, *que Dieu
vous récompense.* A ces mots un jeune élégant se fit re-
marquer par un éclat de rire ironique et indécent. *Jeune
homme*, dit le Saint-Père en le fixant avec cette impo-
sante majesté patriarchale qui commande le respect, *sa-
chez que la bénédiction d'un vieillard est toujours
bonne en elle-même...* Le jeune homme disparut couvert
de honte au milieu du silence imposant de la multitude.

J'ai fait deux éditions de cet ouvrage, tirées toutes
deux à trois mille trois cents exemplaires. La seconde est
presque épuisée.

L.-A. PITOU,

*Libraire de S. A. R. Madame la Duchesse d'Orléans,
rue de Lully, N°. 1, près la Bibliothèque du Roi, à
Paris.*

Imprimerie d'ANT. BERAUD, faubourg Saint-Martin, n°. 70.

TESTAMENT

DE SA MAJESTÉ LOUIS XVI,

ROI DE FRANCE ET DE NAVARRE,

MORT MARTYR LE 21 JANVIER 1793,

Au nom de la très-Sainte-Trinité, du père et du fils et du Saint-Esprit. Aujourd'hui, vingt-cinquième jour du mois de décembre 1792, moi, Louis seizième du nom, Roi de France, étant depuis plus de quatre mois renfermé avec ma famille dans la tour du Temple, à Paris, par ceux qui étoient mes sujets, et privé de toute communication quelconque, même depuis le 11 du courant, avec ma famille; de plus, impliqué dans un procès dont il est impossible de prévoir l'issue, à cause des passions des hommes, et dont on ne trouve aucuns prétexte ni moyens dans aucune loi existante; n'ayant que Dieu pour témoin de mes pensées et auquel je puisse m'adresser, je déclare ici, en sa présence, mes dernières volontés et mes sentimens.

Je laisse mon ame à Dieu, mon Créateur; je le prie de la recevoir dans sa miséricorde, de ne pas la juger d'après ses mérites; mais par ceux de Notre Seigneur Jésus-Christ, qui s'est offert en sacrifice à Dieu son père pour nous autres hommes, quelqu'indignes que nous en fussions, et moi le premier.

Je meurs dans l'union de notre sainte mère l'Église catholique, apostolique et romaine, qui tient ses pouvoirs par une succession non interrompue de Saint-Pierre, auquel Jésus-Christ les avoit confiés.

Je crois fermement et je confesse tout ce qui est contenu dans le symbole et les commandemens de Dieu et de l'Église, les sacremens et les mystères, tels que l'Église catholique les enseigne et les a toujours enseignés; je n'ai jamais prétendu me rendre juge dans les différentes manières d'expliquer les dogmes qui déchirent l'Église de Jésus-Christ; mais je m'en suis rapporté et m'en rapporterai toujours, si Dieu m'accorde la vie, aux décisions que les Supérieurs ecclésiastiques, unis à la sainte Eglise catholiques, donnent et donneront conformément à la discipline de l'Église suivie de Jésus-Christ.

Je plains de tout mon cœur nos frères qui peuvent être dans l'erreur; mais je ne prétends pas les juger, et je ne les aime pas moins tous en Jésus-Christ, suivant ce que la charité chrétienne nous enseigne. Je prie Dieu de me pardonner tous mes péchés; j'ai cherché à les connoître scrupuleusement, à les détester et à m'humilier en sa présence. Ne pouvant me servir d'un prêtre catholique, je prie Dieu de recevoir la confession que je lui en ai faite, et surtout le repentir profond que j'ai d'avoir mis mon nom (quoique ce fut contre ma volonté) à des actes qui peuvent être contraires à la discipline et à la croyance de l'Église catholique, à laquelle je suis toujours resté sincèrement uni de cœur.

Je prie Dieu de recevoir la ferme résolution où je suis, s'il m'accorde la vie, de me servir, aussitôt que je pourrai, du ministère d'un prêtre catholique, pour m'accuser de tous mes péchés, et recevoir le sacrement de pénitence.

Je prie tous ceux que je pourrois avoir offensés par inadvertance (car je ne me rappelle pas d'avoir fait sciemment aucune offense à personne), ou à ceux à qui j'aurais pu donner de mauvais exemples ou des scandales, de me pardonner le mal que je peux leur avoir fait ; je prie tous ceux qui ont de la charité, d'unir leurs prières aux miennes, pour obtenir de Dieu le pardon de mes péchés.

Je pardonne de tout mon cœur à ceux qui se sont faits mes ennemis, sans que je leur en aie donné aucun sujet ; et je prie Dieu de leur pardonner, de même qu'à ceux qui, par un faux zèle, ou par un zèle mal entendu, m'ont fait beaucoup de mal.

Je recommande à Dieu ma femme et mes enfans, ma sœur et mes tantes, mes frères et tous ceux qui me sont attachés par le lien du sang, ou par quelqu'autre manière que ce puisse être ; je prie Dieu particulièrement de jeter des yeux de miséricorde sur ma femme, mes enfans et ma sœur, qui souffrent depuis long-temps avec moi, de les soutenir par sa grâce, s'ils viennent à me perdre, et tant qu'ils resteront dans ce monde périssable.

Je recommande mes enfans à ma femme, je n'ai jamais douté de sa tendresse maternelle pour eux ; je lui recommande surtout d'en faire de bons chrétiens et d'honnêtes hommes ; de ne leur faire regarder les grandeurs de ce monde-ci, (s'ils sont condamnés à les éprouver) que comme des biens dangereux et périssables, et de tourner leurs regards vers la seule gloire *solide et durable* de l'éternité ; je prie ma sœur de vouloir continuer sa tendresse à mes enfans, et de leur tenir lieu de mère, *s'ils avoient le malheur de perdre la leur.*

Je prie ma femme de me pardonner tous les maux qu'elle souffre pour moi, et les chagrins que je pourrois lui avoir donnés dans le cours de notre union ; comme elle peut être sûre que je ne garde rien contre elle, si elle croyoit avoir quelque chose à se reprocher.

Je recommande bien vivement à mes enfans, après ce qu'ils doivent à Dieu, qui doit marcher avant tout, de rester toujours unis entre eux, soumis et obéissans à leur mère et reconnaissans de tous les soins qu'elle se donne pour eux et en mémoire de moi; je les prie de *regarder* ma sœur comme une seconde mère.

Je recommande à mon fils, s'il avoit le malheur de devenir Roi, de songer qu'il se doit tout entier au bonheur de ses concitoyens, qu'il doit oublier toute haine et tout ressentiment, et nommément ce qui a rapport aux malheurs et aux chagrins que j'éprouve; qu'il ne peut faire le bonheur des peuples qu'en régnant suivant les lois; mais en même temps qu'un Roi ne peut les faire respecter et faire le bien qui est dans son cœur, qu'autant qu'il a l'autorité nécessaire; et qu'autrement étant lié dans ses opérations, et n'inspirant point de respect, il est plus nuisible qu'utile.

Je recommande à mon fils d'avoir soin de toutes les personnes qui m'étoient attachées, autant que les circonstances où il se trouvera, lui en donneront les facultés; de songer que c'est une dette sacrée que j'ai contractée envers les enfans ou les parens de ceux qui ont péri pour moi, et ensuite de ceux qui sont malheureux pour moi.

Je sais qu'il y a plusieurs personnes, parmi celles qui m'étoient attachées, qui ne se sont pas conduites envers moi comme elles le devoient, et qui ont même montré de l'ingratitude; mais je leur pardonne (souvent dans des momens de trouble et d'effervescence, on n'est pas maître de soi) et je prie mon fils, s'il en trouve l'occasion, de ne songer qu'à leur malheur.

Je voudrois pouvoir témoigner ici ma reconnaissance à

ceux qui m'ont montré un attachement véritable et désin-
téressé : d'un côté , si j'ai été sensiblement touché de l'ingratitude et de la déloyauté de gens à qui je n'avois jamais
témoigné que des bontés , à eux , ou à leurs parens ou
amis ; de l'autre , j'ai eu de la consolation à voir l'attachement et l'intérêt gratuit que beaucoup de personnes
m'ont montrés. Je les prie d'en recevoir tous mes remerciemens ; dans la situation où sont encore les choses , je
craindrois de les compromettre si je parlois plus explicite-
ment ; mais je recommande spécialement à mon fils de
rechercher les occasions de pouvoir les reconnoître.

Je croirois calomnier cependant les sentimens de la
Nation , si je ne recommandois ouvertement à mon fils,
MM. de Chamilly et Hue, que leur véritable attachement
pour moi avoit portés à s'enfermer avec moi dans ce triste
séjour, et qui ont pensé en être les malheureuses victimes ;
je lui recommande aussi Cléry , des soins duquel j'ai tout
lieu de me louer , depuis qu'il est avec moi ; comme c'est
lui qui est resté avec moi jusqu'à la fin , je prie Messieurs
de la Commune de lui remettre mes hardes, mes livres,
ma montre, ma bourse et mes autres effets qui ont été
déposés au conseil de la Commune.

Je pardonne encore très-volontiers à ceux qui me gar-
doient, les mauvais traitemens et les gênes dont ils ont
cru devoir user envers moi. J'ai trouvé quelques ames
sensibles et compatissantes. Que celles-là jouissent , dans
le cœur, de la tranquillité que doit leur donner leur façon
de penser !

Je prie MM. de Malesherbes, Tronchet et Dezèze, de
recevoir ici tous mes remerciemens et l'expression de ma
sensibilité, pour tous les soins et peines qu'ils se sont
donnés pour moi.

Je finis, en déclarant devant Dieu ; et prêt à paroître

devant lui, que je ne me reproche aucun des crimes qui sont avancés contre moi.

Fait double à la Tour du Temple, le 25 décembre 1792.

Signé LOUIS.

Et écrit, BAUDRAIS, *Officier municipal.*

COLOMBEAU, *Secrétaire-greffier.*

Paraphé et vu au Conseil général de la Commune, le 21 janvier 1993, l'an 2 de la république, à une heure après-midi, SCIPION-DUROURE, *vice président.*

TESTAMENT
DE S. M. MARIE-ANTOINETTE
D'AUTRICHE,

REÎNE DE FRANCE ET DE NAVARRE,

Morte Martyre le 16 Octobre 1793; contenu dans la dernière Lettre qu'elle écrivit à S. A. R. Madame ELISABETH, *Sœur de l'auguste* LOUIS XVI.

C'EST à vous, ma sœur, que j'écris pour la dernière fois. Je viens d'être condamnée, non pas à une mort honteuse (elle ne l'est que pour les criminels), mais à rejoindre votre frère. Comme lui, innocente, j'espère montrer la même fermeté que lui dans ses derniers momens. Je suis calme comme on l'est quand la conscience ne reproche rien. J'ai un profond regret d'abandonner mes pauvres enfans. Vous savez que je n'existais que pour eux et vous, ma bonne et tendre sœur, vous qui avez par votre amitié tout sacrifié pour être avec nous. Dans quelle position je vous laisse! J'ai appris dans le plaidoyer même du procès que ma fille était séparée de vous. Hélas! la pauvre enfant! je n'ose pas lui écrire; elle ne recevrait pas ma lettre. Je ne sais pas même si celle-ci vous parviendra. Recevez pour eux deux ici ma bénédiction. J'espère qu'un jour, lorsqu'ils seront plus grands, ils pourront se réunir à vous, et jouir en entier de vos tendres soins. Qu'ils pensent tous deux à ce que je n'ai cessé de leur inspirer, que les principes et l'exécution exacte de ses devoirs sont les premiers biens de la vie; que leur amitié et leur confiance mutuelle en feront le bonheur. Que ma fille sente qu'à l'âge qu'elle a, elle doit toujours aider son frère par les conseils que l'expérience qu'elle a de plus que lui et son amitié pourront lui inspirer. Que mon fils, à son tour, rende à sa sœur tous les soins, tous les services que l'amitié peut inspirer. Qu'ils sentent que, dans quelque position qu'ils puissent se trouver, ils ne seront vraiment heureux que par leur union. Qu'ils prennent exemple de nous. Combien, dans nos malheurs, votre amitié nous a donné de consolations! Et dans le bonheur on jouit doublement quand on le partage avec un ami : et où en trouver de plus tendres que dans sa propre famille. Que mon fils n'oublie jamais les derniers mots de son père, que je lui répète expressément : Qu'il ne cherche jamais a venger notre mort! J'ai à vous parler d'une chose bien pénible à mon cœur. Je sais combien cet enfant doit vous avoir fait de peine. Pardonnez-lui, ma chère sœur : pensez à l'âge qu'il a, et combien il est facile de faire dire à un enfant ce qu'on veut, et même ce qu'il ne comprend pas. Un jour viendra où il n'en connaîtra que mieux tout le prix de votre bonté et de votre tendresse pour tous deux. Il me reste à vous confier ma dernière pensée : j aurais voulu vous écrire dès le commencement du procès; mais, outre qu'on ne me laissait pas écrire, la marche en a été si rapide que je n'en aurais réellement pas eu le temps. Je meurs dans la religion catholique, apostolique et romaine, dans celle de mes pères, dans celle où j'ai été élevée et que j'ai toujours professée N'ayant aucune consolation spirituelle à attendre, ne sachant pas s'il existe encore ici des prêtres de cette religion, et même LE LIEU OU JE SUIS LES EXPOSANT TROP, S'ILS Y ENTRAIENT UNE FOIS, je demande sincèrement pardon à Dieu de toutes les fautes que j'ai pu commettre depuis que j'existe. J'espère que dans sa bonté, il voudra bien recevoir mes derniers vœux, ainsi que ceux que j'ai faits depuis long-temps pour qu'il veuille bien recevoir mon ame dans sa miséricorde et sa bonté. Je demande pardon à tous ceux que je connais, et à vous, ma sœur, en particulier, de toutes les peines que, sans le vouloir, j'aurais pu vous causer. JE PARDONNE A TOUS MES ENNEMIS LE MAL QU'ILS M'ONT FAIT. Je dis ici adieu à mes tantes et à tous mes frères et sœurs. J'avais des amis; l'idée d'en être séparée pour jamais, et leurs peines, sont un des plus grands regrets que j'emporte en mourant. Qu'ils sachent du moins que jusqu'à mon dernier moment, j'ai toujours pensé à eux. Adieu, ma bonne et tendre sœur. Puissé-je mériter vos regrets. Pensez toujours à moi. JE VOUS EMBRASSE DE TOUT MON COEUR, AINSI QUE CES BONS ET CHERS ENFANS. Mon dieu! qu'il est déchirant de les quitter pour toujours! Adieu! adieu! Je ne vais plus m'occuper que de mes devoirs spirituels. Comme je ne suis pas libre dans mes actions, on m'amenera peut-être un prêtre : mais je proteste ici que je ne lui dirai pas un mot, et que je le regarderai comme un être absolument étranger.

Signé, MARIE-ANTOINETTE.

IMPRIMERIE D'ANT. BERAUD.